영성시집

신부의 노래

김지영

쿰란출판사

추천사

그림이 담긴 시를 보았습니다.

김지영 집사님의 시에는 아름다운 그림이 있고 그 그림 안에는 마음의 고백이 담겨 있습니다. 집사님의 시는 언약의 고백입니다. 나는 주님께 어떤 존재인지 그리고 주님은 내게 어떤 존재인지를 고백하는 노래가 가득합니다.

집사님의 시는 믿음의 고백입니다. 내가 주님을 어떻게 이해하고 그 이해에 대한 확신에 근거해 어떠한 소망과 기대가 있는지를 고백하는 내용입니다. 아울러 아쉬움의 고백입니다. 언약과 믿음의 경계 안에서 주님을 온전히 누리고 기뻐하지 못하고 때로 사랑과 믿음의 경계 너머를 바라봤음에 대한 아쉬움의 고백입니다. 울타리 너머 선한 것이 없음에도 마음이 나뉘었던 것에 대한 미안함의 고백입니다.

집사님의 시는 의지의 고백입니다. 내가 입술로 고백하는 노래로 살겠다는 의지의 다짐입니다. 가장 아름다운 사랑을 하고자 하는 사랑의 고백입니다. 그 사랑에 신실해보려는 수줍은 마음의 고백입니다.

시는 그림입니다. 내가 그리는 가장 아름다운 언약의 고백이 담긴 그림을 글로 담은 것이 시입니다. 그래서 시 안에서 그림을 봅니다. 가장 아름다운 그림을 봅니다. 그리고 함께 웃고 함께 마음이 따뜻해집니다.

집사님의 시를 통해 모든 이들의 마음에 가장 아름다운 그림이 담기기를 바랍니다. 그리고 그 그림이 나의 삶에 이루어지는 복을 누리기 바랍니다.

2024년 10월
월광교회 담임목사 김요한

프롤로그

코로나 규제도 풀리고 영성 시리즈 세 권도 출간되고 두 자녀 양육의 열매가 무르익어감에 경탄을 감사로 올려드리며 주께 여쭙니다. "주님! 이제 무엇을 함께 하기 원하십니까?"
주님은 맘껏 탐색해 찾아보라는 듯 잠잠한 미소만 띄우십니다.

이어 남편과 함께 사역했던 의료선교센터 증축 관련 계획에 참석해보고, 주일학교 교사 세미나에도 들러보고, 묵상학교·통독학교·어머니학교 소식들을 접한 끝에 마더와이즈〈회복〉을 신청합니다.
그리스도의 신부로서 우리 정체성을 찾아가는 마더와이즈〈회복〉은 유대전통 결혼의 절차를 따라가며 말씀 속에 숨겨 두신 관계의 비유와 약속을 삶 속에서 실제화하도록 묵상과 말씀으로 이끄는 친밀감 훈련입니다.
당대 유대전통 결혼 관습에 익숙했을 제자들에게 포도주 언약(케투바)/사랑의 증표(킨얀)/처소를 준비하러 간다/들어올리우다(닛수인)/어린양의 혼인잔치/예복(키텔) 등을 사용한 주의 비유 말씀은 그들의 구원 약속에 대한 이해를 깊이 있게 체화시켰을 것입니다. 즉 결혼

언약식(정혼)이 곧 결혼과 동일한 법적 효력이 발생하는 시점이라는 인식에 기반한 이 비유적 설명으로 인하여 '구원 약속의 확고함과 확정성'에 의심 없는 믿음이 자라날 수 있었을 것입니다. 또 약 1년 간 떨어져 지내는 정혼 기간은 신랑에겐 처소와 예식을 준비하는 약속된 시간이었기에 주께서 처소를 예비하러 간다 하셨을 때 '다시 오심'에 대한 믿음도 결코 흔들림 없었을 것입니다.

 그 정혼 기간이 신부에겐 정결 수업을 쌓는, 설레는 기간이었음을 반영한 그들의 초대교회적 인식이 곧 오늘날 그리스도의 신부로서 삶을 사는 성도들에게도 '구원을 이루어가는 여정의 실제성'임을 순차적으로 동일하게 흡수해 가면서 이것이 곧 이 땅의 성도 된 삶의 본질이고 설렘 가득한 기대이며 시험과 인내를 요하는 기다림임을 온 맘으로 동의치 않을 수 없었습니다.

 그 묵상 여정 중 주께서 개인적으로 특별히 강조하셨던 부분은 환난을 즐거워하라는 근거들에 대한 놀라운 계시였는데 그것은 잠언을 통해 심각하게 여쭸었던 부분에 대한 감격스럽고도 결정적인 응답이기도 했습니다.

그 질문과 응답을 돌이켜보건대 "겸손한 사람과 주를 경외하는 사람이 받을 보상은 재산과 영예와 장수이다"(잠 22:4, 표준새번역)라는 말씀을 묵상할 때로 거슬러 올라갑니다.

이 말씀을 대했던 순간 소망보다는 급작스런 의기소침이 찾아왔습니다. '보상'이란 단어가 불편해졌기 때문입니다. 보상을 기대하며 성취를 향해 달려가는 모습이 순전해 보이지 않았기 때문입니다. 우리 신앙의 원동력은 온전히 하나님, 그분의 존재 자체여야 함을 알기 때문이었지요.

'그분으로부터 오는 부수적 선물과 능력에 마음이 가 있다면 그것이야말로 우상이 아니던가?' 그래서 여쭈었습니다.

"그런데요, 아버지. '재산'은 일용할 양식 공급해 주심으로 충분하고 감사합니다. 그리고 영예! 하나님의 영광인지 내 이름의 영광인지도 모르는 본디 죄 덩어리인 사람이 얻을 수 있는 온전한 영예는 없는 것을 익히 압니다. 게다가 장수! 아버지, 장수는 제게 절대로, 결코 허락지 마소서! 이 어둔 땅, 오물 가득한 땅에서 아침이고 저녁이고 할 것 없이 수시로 지존자의 은밀한 피난처로 숨어야 하는 이 피난민의 삶을 결코 연장시키지 마소서!"

이 말을 귀담아 들으신 듯한 아버지께서 되물으셨습니다.

"그럼 넌 무얼 원하니?"

"우주보다 광활한 천국의 크리스탈 광장! 6천 년 역사의 셀 수 없는 당신의 백성들이 다 모이는 그 날에, 아버지! R(로얄)석을 주세요.

정오의 빛 같은 내 주의 일곱 영 가득한 사랑의 눈빛을 정면으로 뵐 수 있는 그 맨 앞자리를 주세요. 내 주의 머리칼과 눈과 호흡과 음성과 옷자락의 어떠함이 피부로 전달되는 바로 그 자리를 주세요."

이후 아버지의 따스한 미소만 전달될 뿐 더 이상 말이 없으셨습니다. 마더와이즈 훈련을 마칠 때까지요. 그리고 그 막바지에 아버지께서는 예비하신 응답을 선물의 하이라이트로 선사해 주셨습니다.

맨 앞자리를 소망했으나 그 R석과는 비교도 안 되는 최측근 자리, 내 주님 오른편 자리, 신부의 자리라는 응답과 함께, 더욱 놀랄 만한 상까지 예비하셨다 하셨습니다. 그 상은 우리의 이해를 돕기 위해 표현된 화관이요 면류관인데 이 땅의 오감으론 꿈도 꿀 수 없는 것이라 하셨습니다.

이윽고 고난의 의미를 다른 각도로 보여주셨습니다. 단지 성장과 연단을 위한 훈련 그 이상의 것, 곧 최고의 기회라 하십니다. 아버지께서 상 주고 싶으셔서 내민 빌미라 하셨습니다.

고난의 자리자리마다 피어나게 하신 꽃들로 친히 엮으신 화관!

삶의 슬픔과 아픔 구석구석에서 친히 치환시키신 기쁨의 면류관! (사 61:3)

내 주님과 함께 미움 받고 핍박당한 의의 골짜기마다 심으신 영광의 면류관! (사 61:3)

그리고 삶과 환난을 충성으로 이겨낸 자마다 영생을 얻고 누리는 생명의 면류관! (계 2:10)

그 아름다운 상과 면류관의 속성을 세심히 깨닫게 해주셨습니다. 그 말씀들을 대할 때 가슴이 뛰고 활력이 솟구쳤습니다. 고난이 밀려와도 움츠러들 수 없는, 도리어 시험지를 받고 쾌재를 부르는 비밀한 환희를 허락하셨습니다.

드디어 '환난 중에도 즐거워하라'는 말씀이 쑥 들어와 내 육체가 되는 순간을 경험하고 맙니다.

고난이 올 때 달려나가 기쁘게 맞이할 자세와 원동력을 내 속에 기어이 창조시키시고 맙니다.

아버지의 진리는 말씀을 가로질러 크고 작은 눈물의 보석을 낳곤 합니다. 여호와를 경외한 자에게 약속하신 재산, 영예, 장수는 살처럼 지나갈 이 땅의 안개 같은 것, 곧 짧은 인생을 타고 사라지는 이슬 같은 복이 아님을 깨닫는 경지의 눈이 뜨이게 하셨고 그 깊고 깊으신 경륜 앞에 눈물이 차오르게 하셨습니다. 아버지께서 약속하신 보상은 신부의 화관을 얹을 자가 누리는 영적 하나 됨이요, 광대함이요, 부요함이요, 영광과 기쁨의 면류관이요, 영속되는 복임을 깨닫습니다. 그리하여 지난 고난들을 되려 감사하며 그 상을 사모하는 신부로, 환난을 즐거워하는 신부로, 넉넉히 견디는 신부로 신부의 노래를 탄생시킵니다.

환난이라는 허들을 넘어 신부의 소망이 확고해지자 길고 짧은 묵상들이 시로 탈바꿈하는 경이가 일어납니다. 진리가 우리를 자유하게 하는 만큼, 시는 표현을 자유하게 했습니다. 한편으론 주님과 은밀한 언어로, 한편으론 주의 말씀에 대한 추임새로(관련 말씀구절 표기함) 노래가 끊임없이 흘러나오기 시작했고, 이들이 1년도 채 못 되어 모음집이 되었으며 나의 시편이 되었습니다.

  급기야 주께서 명하신 이 날에, 슬픔이 변하여 춤이 되게 하신 이 날에, 그리스도의 신부 된 교회와 그 아름다운 지체들 앞에 두신 이 날에, 인내와 소망으로 서로 격려하는 노래 되길 바라며 사랑에 반응하여 함께 올려드리는 찬양이 되길 소망하며 사랑하는 이들 손 앞에 감히 건네 봅니다.

2024년 10월
김지영

목차

추천사 _ 2
프롤로그 _ 4

1장
신부의 노래

신부의 노래 _ 16
무엇으로 보답할까? _ 19
신부의 이름 _ 21
시, 노래, 춤, 삶 _ 23
유리빛 신부의 창 _ 24
신부의 코러스 _ 26
신부의 도성 _ 28
거룩한 성에서 _ 30

2장
고난

고난의 파문 _ 34
시험이 지나가기까지 _ 35
세대 차이 _ 37
리트머스 시험지 _ 39
나의 이스라엘 _ 41
다윗의 고난 _ 43
나를 시험하사 _ 45
사람이 꽃보다 아름다워 _ 47

3장

기도

임재의 뜨락 _ 50
기도 시간 _ 51
기도를 가르치소서 _ 53
아들을 위한 기도 _ 54
순종의 푸른 싹 _ 56
기도의 좁은 길 (잠 28:9) _ 57
희망 한 조각 되게 하소서 _ 59

4장

주님 그리고 십자가

뉘신가 했더니 _ 62
자기 십자가 _ 64
나도 모르게 어느새 _ 66
십자가 치환 _ 68
샤론의 땅 _ 69
사랑의 순도 _ 71
아버지의 작품 _ 73

5장
인생

사람이 무엇이기에 _ 76
선악을 분변치 못하는 인생이여 _ 78
자다가 깨었을 뿐인데 _ 80
장미 베고니아 예찬 _ 82
코람데오 _ 84
잃어봤기에 _ 85
은혜받은 그릇 _ 87
네가 가줄래? _ 89
대리자(겔 24:16) _ 90
램프와 정오의 빛 (잠 13:9) _ 92
말 _ 93
주의 성산에서 _ 95
적의 목전에서 만찬을 _ 97
우리의 날 계수함을 가르치소서 _ 99
중심 찾기 _ 101

6장
그리움

궁정의 정원 _ 104
아침에 _ 106
저녁에 _ 107
속히 명하사_ 109
파수꾼이 아침을 기다림보다 _ 111
그리움이 주는 선물 _ 113
비밀의 정원 _ 115

7장

왕이 다시 오실 때까지

마지막 때 _ 118
잎만 무성한 무화과 _ 120
한 날에_ 122
왕의 발자국 소리 _ 124
주께서 쓰시겠다 하라! _ 126
잠잠히 하나님만 바라라 _ 128
그 문으로 들어가며 _ 129

8장

영원에서 영원까지

영원한 거처가 되시나이다 _ 132
너의 창조주를 기억하라 _ 134
슬픔이 변히어 _ 136
부활의 꽃 _ 138
기억하나이다 _ 140
온 땅이여 _ 142
주의 성막에서 _ 144
알지 못하심이 없나이다 _ 146
왕이신 나의 하나님 _ 148

에필로그 _ 150

1장

신부의 노래

신부의 노래

내 인생 곤고하여 주 이름 외쳐 부를 때
침묵하신 내 주는 어디 가셨나 했는데
내 인생 어둠에 치여 주 발자국 귀 기울일 때
기척 없던 내 주는 어디 가셨나 했는데

어둔 터널 구간 구간마다 형형색색 꽃 꺾어 화관을 예비하셨나이까?
좁디좁은 벼랑 끝 매달린 진귀별초 얹어 화관을 준비하셨나이까?
그리곤
터널 끝 여명처럼 새어나오는 빛 속에
아~~
내 주님 두 팔 벌린 그림자 뵈올 때 왈칵 눈물 쏟아지게 하시나이까?

그립고 그리운 내 주님이시여
당신 옷자락의 잔향은 늘 내 곁에 남았건만
꽃도 풀도 흉내 낼 수 없는 이 향기!
이 향기 따라 멈춘 그곳에서 주님은

그렇게 오래도록 날 기다리셨나이까?

장미로 데이지로 라벤더로
향기 짙은 아름다운 화관 엮어 선물하시려
가시와 엉겅퀴 걸어 주님 머리에 쓰시고
그리 그토록 거기서 기다리셨나이까?

새하얀 세마포 눈부신 예복에
오래 참음 빛 진주로 수놓아 사랑의 붉은 루비 매달아 선물하시려
스스로 발가벗김과 모욕과 수치를 입으시고
그리 그토록 거기서 기다리셨나이까?

사랑하고 사모하는 나의 주님이시여
기쁨의 면류관, 의의 면류관, 생명의 면류관에 내 이름 새기시려
당신 이름표에 조롱을 새기도록 내주시며
그리 그토록 거기서 기다리셨나이까?

나 이제 새 노래를 부르리이다.
슬픔이 변하여 춤이 되게 하신 날에
베옷을 벗겨 기쁨으로 띠 띠우신 날에
내 주님 오른손에 안착된 아름다운 왕관 되어
내 주님의 공로와 은혜와 오래 참아 주심을 노래하리이다.
그 환희와 희락의 날을 춤추며 주님의 나라를 찬송하리이다.

가슴 깊은 곳 아득한 갈망의 고향 앞 쭉 뻗은 대로를 따라
시온으로 되돌아가며 노래하리이다.

주의 신실한 여디디야들과
주의 기뻐하심을 입은 헵시바들과 함께 돌아가리이다.
할렐루야!

무엇으로 보답할까? (시 116:12)

내게 주신 주의 은혜 무엇으로 보답할까?
향유 옥합 깨뜨린들 갚을 수 없사오나
그 향기 진동한들 덮을 수 없사오나
내게 머문 주 향기에 내 맘 실어 드리오리.

내게 주신 주의 긍휼 무엇으로 보답할까?
머리칼 닳아 발 씻긴들 갚을 수 없사오나
그 긍휼 감사한들 채울 수 없사오나
내 눈물 보석된 그 병에 내 감사도 채워 올리오리.

내게 주신 주의 사랑 무엇으로 보답할까?
흰 예복 빨고 빨아 단장한들 부족하나
그 감격 모셔 본들 구원의 잔 못 미치나
내게 선물하신 그 화관에 내 사랑도 실어 얹으오리.

내게 주신 모든 축복 보답할 수 없사오나

내 사랑의 노래로 영원히 올리오리.
내 신부의 노래만은 영원토록 부르오리.

신부의 이름

어미의 살로 하나 되어 담기웠던 자가
탯줄로 이어져 같은 숨 내쉬었던 자가
아비의 씨 이식되어 뿌려졌던 자가
아비 형상 복제되어 같은 몸짓 내뿜던 자가

한 동네 강보 싸여 마주하며 컸던 자가
죽마고우 한 죽창에 한 웃음 실었던 자가
한 책상 한 공간 타고 같은 걸음 내딛었던 자가
영원한 우정 격려의 운명에 마음 쏟으며 컸던 자가

첫눈에
다른 운명 붙잡아 깊이 뛰어듦의 경이
짧은 시간
자신보다 친구보다 부모의 일보다 더 깊게 뛰어듦의 열정

그 모든 오랜 친숙함 제치고

가장 친밀하고도 연합된 한 맘 한 몸을 갈망하는
둘이 하나를 이루는 이름
그 신비한 이름
신부!

교회를 향한
그리스도의
이 비밀이 크도다!

시, 노래, 춤, 삶

꽃잎처럼 떨궈져
내 호흡에 닿은 주의 언어가
내 시가 되었네.

선율 따라 걸리운
화관 같은 주의 시어가
내 노래가 되었네.

노래 따라 올라탄
기쁨 만발한 주의 흥이
내 춤이 되었네.

춤 따라 몰아쉰
마디마디 주의 숨이
신부의 삶 되었네.

유리빛 신부의 창

비 오듯 튀는
창 밖 흙탕물
내 주님 얼굴 가릴까 하여
씻고 또 씻어냅니다.

과녁 맞추듯 던져진
창 위 오물들
내 주님 눈동자 가릴까 하여
닦고 또 닦아냅니다.

살포시 앉은
창에 먼지 한 톨
내 주님 눈빛 그르칠까 하여
살며시 불어냅니다.

주님여
먼지 한 톨도 허락지 마소서.
주님께 밀착된
마음의 창이
사랑의 빛 한 입자도 가릴 수 없도록.

신부의 코러스 (아 2:10-13)

주님여

무슨 얘기 들려주기 원하시나이까?

우주만물과 은하와 은하 속 이야기 들려주기 원하시나이까?

잠잠히 눈을 감고 웅장코도 자애로운 주의 창조 속으로 날아갈 때

내 의식과 무의식 위에 당신의 속삭임을 대우소서.

주님여

무슨 아픔 들려주기 원하시나이까?

기다림의 고통과 아픈 사랑 들려주기 원하시나이까?

육을 으깨고 가슴을 훑어 아픔의 눈물 짜내는 단조의 삶

연주하실 때

내 영혼과 인생에 당신의 신음까지 실으소서.

주님여

무슨 희락 들려주기 원하시나이까?

사랑의 기쁨과 열매의 희락 들려주기 원하시나이까?

오감을 불러내 영감을 선동해 신의 기쁨 뽑아내는 왈츠의
감흥 연주하실 때
내 심령에 환희로의 조바꿈을 명하소서.

주님여
신부의 노래 한 소절 얹어도 되오리까?
영원토록 끊김 없는 사랑의 코러스…
후렴에 매달아 올려도 되오리까?
태초에 별들 던져 갤럭시 지으시며 홀로 부르셨던 그 노래를
이제는 함께 부르도록 허락하시렵니까?

신부의 도성

음악의 창조자께서
길게 뽑으신 선율에
신부의 하모니 꼬아내시니
한 화음, 한 듀오, 한 노래의 완벽한 화성이
천상의 박수 띠리 등단하도다.

건축의 창조자께서
네모 반듯 뽑으신 새 예루살렘 도성에
신부의 정금빛 고귀함 얹으셨으니
한 빛, 한 폭, 한 성소의 완전한 형상이
천하의 갈채 타고 하강하도다.

영혼의 창조자께서
다이아 빛 투명토록 뽑으신 크리스탈 성곽에
열두 빛깔 기초석 기품 위 진주문 세우셨으니
한 민족, 한 교회, 한 신부의 온전한 순결함이

온 우주의 함성 자아내도다.

보라!
어린 양의 신부로소이다!

거룩한 성에서

유리빛 정금길
내 주 영생의 빛 반사하니
등불과 햇빛 낯 붉히며 돌이켰도다.

수정 같은 생명수강
눈물 씻고 아픔 벗으니
찌들린 기억과 상흔 화들짝 사라졌도다.

생명나무 열두 과일
상큼한 잎사귀 한 입 무니
에덴의 기운 불어와 사뿐히 날게 하는도다.

면류관 가득 천 가지 꽃향기
고통과 환난 갑절로 갚으시매
내 주 얼굴결 광채 따라 환희의 빛 속 춤추는도다.

천상의 빛깔 따라
천상의 부요함 따라
내 주 약속하신 행복한 천생 따라
천감이 깨어나는도다.

고난의 파문

인생에 고난의 돌 날아오면
고통의 잔물결 타고 영혼의 본향을 향한다.

고난의 돌 크고 세고 무거울수록
파문이 본향에 닿을 때까지 떨림도 부게를 업는다.

영혼의 참 평안을 창조하신 이를 만날 때까지
영원부터 영원까지 평안하신 이의 세계에 닿을 때까지
이 떨림을 품으라.

떨림이 평강과 하나될 때까지
떨림을 깊숙이 간직하라.

시험이 지나가기까지 (렘 15:18)

마디마디 닳고 헐거워진 해체 직전 기계처럼 빈약한 육체 안에
진정 거하시길 기뻐하시나이까?
주의 부요함과 비견할 수 없는 초라하고 구멍 난 장막 안에
진정 거하시길 즐거워하시나이까?

닿고 닿아도 멀어지는 지평선처럼
쫓고 쫓아도 닿을 수 없는 무지개처럼
내 주의 완전하심이 내 육 앞엔 한나절 신기루 같나이다.
잠시 맺혔다 사라지는 이슬처럼
목 축이자마자 말라버린 우물처럼
내 주의 은혜는 내 처절한 육 앞에 속이는 시내 같나이다.

이 시험과 환난의 시간이 속히 지나게 하소서.
그리고
사체 가운데 생명을 찾으실 때
추악 가운데 정결을 찾으실 때

낙망 가운데 소망을 찾으실 때
수치 가운데 존귀를 찾으실 때
부디
여기 있다 하소서!

세대 차이

♣ 김지영 영성 시리즈 《이와 같이》 148쪽 삽입시

패역한 세대
그 완고함과 뻣뻣함의 득세로
도무지
사랑의 빛줄기 들어갈 길 없었던 단절된 세대

은혜의 세대
사랑의 빛 가루를 뿌리고 또 뿌려 길을 열었건만
도무지
사랑의 빛 가루 받아내지 못하고 털어내는 또 다른 세대

좀처럼 은총을 받을 수도
바뀔 수도 없는 인류의 강퍅함 가운데
구겨지고 찢기신
핏빛 다리 건설하신
내 주님의 무지갯빛 약속 따라

그 눈물의 골짜기를
함께 따라 오르게 하소서.
그 환희의 하늘 길을
찬송으로 달려가게 하소서.

리트머스 시험지

♣ 김지영 영성 시리즈 《이와 같이》 62-63쪽 삽입시

어찌하여 힘없는 팔 뻗어 리트머스 종이 되게 하시나이까?
어찌하여 숨 짧은 목소리 뻗어 리트머스 종이 되게 하시나이까?

일상을 트집 잡아 극단이라 내치는데
진리를 꼬투리 삼아 진부한 세대라 일축하는데
진리가 거슬리는 귀로 음성을 들을 수 있을까요?
세상이 좋아하는 감언이설로 빛과 소금이 될 수 있을까요?

어찌하여 수고로이 잉태하고 또 보살펴 온 아들과 딸에게
어찌하여 사랑하고 목숨마저 퍼 주길 기뻐하는 나의 이스라엘에게
변색되어 까맣게 차오르는 시험지가 되라 하십니까?

강보에서부터 말씀을 들려줬던 나의 영혼들에게
몸과 마음 으깨어 성령의 기름 찍어 키웠던 나의 이스라엘에게

그들의 눈이 꺼려하고

그들의 귀가 반항하는
가까이 두기 싫어하는
리트머스 시험지 되라 하십니까?

나의 이스라엘

♣ 김지영 영성 시리즈 《이와 같이》 65-66쪽 삽입시

가시 닮은 잎 하나 내려 하면 날 꺾으셨네.
가시 닮은 잎 하나 돋으려 하면 날 자르셨네.
그리고 그분의 흠모할 것 없는 가지에 날 접붙이셨네.

여린 줄기 되어 그 빛 줄기 향해 자라갈 때
꿋꿋한 덩치가 빛을 막아서네.
동요치 않는 산채만한 선인장이 그 길을 막아서네.
가시와 그 가시의 꽃들로 내 숨통을 막아서네.

모두가 고요히 잠든 밤에
나지막이 스며든 달빛 따라
가시와 가시 사이 열어 주신 좁디좁은 길 따라
여린 가지를 인도하는 물오른 생명 따라
좁은 길, 험한 길, 악취 나는 길 비집고 영광의 그 꽃을 피우려네.

나의 사랑하는 이스라엘이여

나를 따라오렴.

어미의 줄기가 상해 보일지언정 이 길을 따라오렴.
어미의 푸른 잎이 찢겨 보일지언정 이 가지를 따라오렴.

어미가 허물어뜨린 담길 따라 이제는 길을 넓히렴.
어미가 울며 씨 뿌려온 좁은 길 따라 이제는 열매를 맺으렴.

다윗의 고난 (시 34:8)

골리앗 앞 위풍당당 간데없고
두려움과 비굴 입고 국경 넘는 다윗이여

머리 굴려 좇은 자구책
그를 기다리는 건 막다른 길 끝 올무
생사 갈림 끝 매달려 침 흘리며 미친 척해야 했던
바닥 친 수치심과 비참함과 자괴감

인생이 바닥을 칠 때야
막다른 길 끝에서 머리를 들 때야
그제서야 시야에 들어오는
광대한 하나님
그리고
초라하고 비참한 자기존재의 무능한 현실
그리고…
비로소 시작되는 자기부인!

사람의 악마저 선으로 바꿔 은혜를 부으시는
전능자 안에서의 안전함을 확인한 자리
절망이 환희로 바뀌는 그 자리에서
탄생된 찬양의 걸작
시편 34편!

'내가 여호와를 항상 송축함이여…
여호와는 광대하시다
너희는 여호와의 선하심을 맛보아 알지어다.
그에게 피하는 자는 복이 있도다.'〈시 34:1, 3, 8〉

비참한 도망자 다윗
사람 눈치 극복한 이래
계명을 관통하고
법의 정신 간파히여
하나님 마음에까지 닿았던 자!
주의 마음에 합했던 자!
그 이름 다윗이여!

나를 시험하사 (잠 15:3)

여호와의 불꽃같은 눈은
악인을 선인을 감찰하실 뿐 아니라
나의 앉고 일어섬을 아시며
나의 길과 눕는 것을 감찰하시며
내 혀의 말과 뿌리를 알지 못하시는 것이 없으시니이다.

마음의 가닥과 가닥 사이를
생각의 섬유와 섬유 사이를
감정의 한 올과 한 올 사이를 다 아시는 아버지여!

나를 살피사 내 마음을 아시며
나를 시험하사 내 뜻을 아옵소서!

창조주의 견책의 말씀은
쓰고 쓰라린 양약 되어 영혼을 깨우고 소생시키나이다.
지존자의 위로의 말씀은

만물 위 꽃잎들의 함성 되어 희락을 쌓나이다.
전능자의 사랑의 말씀은
내 입의 다크초콜릿처럼 깊도록 달콤하나이다.

사람이 꽃보다 아름다워 (합 2:4)

사람이 꽃보다 아름다운 이유는

바닥까지 떨어진 낮아진 심령
굴복 당해 털썩 꿇어 엎드린 무릎
진액 한 방울까지 쏟아낸 눈물
비워진 마음의 의뢰

더 높이
더 많이
더 가득
부음 받은 사랑

그 사랑 앞에 어린아이처럼 차오르는 기쁨
세상 시름 물러가고
세상 억울함 간 곳 없고
큰 사랑 두 팔 벌린 주만 담아 내는 시선

그 집중된 시선에서 피어나는 아름다움!
그것 때문이리라.

임재의 뜨락

암울한 시간들
고독했던 순간들
거센 풍파 일어대던 인생
아스라한 벼랑 끝에 매달린 인생

잠잠하라 명하시고
산 깎아 평지 만드시고
푸른 초장 카펫 펼치시사
하늘 문 열어 임재의 뜨락 띄우시니
내 잔이 넘치나이다.

기도 시간

♣ 김지영 영성 시리즈 《이 산지를 내게 주소서》 에필로그 삽입시

기도는
내 안에 끊임없이 일어나는 파장의 꼬임과 엉킴을
조심스레 풀어내고 분류하는 시간

기도는
내 안에 문득문득 걸리는 생각의 파편과 조각들을
거침없이 뽑아내고 분리시키는 시간

출구도 입구도 없어 보이는 뭉뚱거려진 사고 다발 속에서
한 가닥 한 가닥 집어
씨실은 씨줄에게로
날실은 날줄에게로 돌려보내고 나면

그윽히 찾아드는 낯익은 음성
스윗하게 감겨드는 사랑의 음성
평안하게 내려앉은 아버지의 음성

거센 폭풍우와 날벼락 난무한 혼돈 가운데서도
거침없는 날개치며 오늘까지 날 업어 태워 오신
시간의 마디마디마다
세밀하고도 분명한 파장으로 이 순간까지 날 업어 날아오신
아버지의 음성 마디마디마다

내 영혼은 날개깃을 세웁니다.
내 아버지 좌정하신 본향을 향하여.

기도를 가르치소서

아버지여, 우리에게 기도를 가르치소서.
우리 주님 능력 나를 통과하는 비밀을 가르치소서.

장미 꽃잎 죽어 으깨질 때 발하는 향기!
올리브 열매 죽어 으깨질 때 흐르는 기름!
내가 죽어 으깨질 때 살아나시는 주님!

주님여
나를 타고 흐르소서!
주님여
주께만 밀착되게 하소서!

그 연합의 비밀을 벗기시사
주의 기쁨 찾아내소서!
주의 권능 나타내소서!
주의 영광의 꽃 피워내소서!

아들을 위한 기도

♣ 김지영 영성 시리즈 《이와 같이》 74-75쪽 삽입부 참조

아들의 완벽하신 전능자 아버지여
이 땅의 악과 저주의 맥을 살피사
피해 가게 하시고
눈물과 아픔의 강들을 지나게 하시고

고센과 같이 육의 눈이 감찰치 못하는 보호의 땅에
적절한 은혜의 볕과
이른 비와 늦은 비와
바람의 통풍을 맞는 땅에
당신만 닮은 한 송이 백합화를 심으심같이
이 아들을 심으소서.

그리고
칠흑 같은 밤중에
고요한 별들마저 숨죽이는 밤중에
무슨 일이 벌어질지 모르는 삼엄한 밤중에

병사들의 각 영혼을 올려드리는
그 아들의 제사장적 기도를 받으소서.

순종의 푸른 싹

악조차 선으로 바꾸신 분이여
골짝 깊은 곳에도 꽃이 피게 하신 분이여
바위틈 벼랑 끝에도 파란 순 올라오게 하신 분이여

질기고 질긴 육의 섬유 사이사이로
시기, 분노, 정죄, 교만의 홀씨들이 내려앉을 때마다
말씀의 제초제를 뿌리소서.
가라지는 초개처럼 녹아지고
내 주 향한 푸른 싹
순종의 싹만
자라오르리이다.

기도의 좁은 길 (잠 28:9)

우리 귀가 주의 말씀을 기뻐하지 않은 채로
우리 심령이 주께 달려가지 못한 채로
우리의 소견대로
육의 욕구대로
형식 따라 구하는 가증함이 있습니까?
우리에게 기도를 가르치소서.

하늘의 열린 문 앞에서
땅의 오염된 더러움과 악함을 드러내놓고
미크바의 생수로 씻는 기도 되게 하소서!

성령의 기름 발리움 입어
내가 아버지 안에
아버지가 내 안에 거하시는
심장이 공명되는 기도 되게 하소서!

하늘의 뜻이
함박눈처럼 세상을 덮어내고
땅의 속박이 풀려
자유의 길 열어내는 그런 기도 되게 하소서!

아버지 나라로 돌아가는 그 날엔

수없이 걸었던 이 기도의 좁은 길 따라
패랭이 꽃 무더기 같은 주님과 추억 따라
귀향의 벅찬 기쁨 따라
환희의 노래 부르며 달려가게 하소서!

희망 한 조각 되게 하소서

♣ 김지영 영성 시리즈 《이와 같이》 102쪽 삽입시

아름다우신 나의 주님!
오늘도 당신 안에 잠겨
오늘도 당신만으로 나를 채워
그저 파랗게 물들기만 원합니다.

저에게 그 어떤 부도, 궁핍도 허락지 마소서.
저에게 그 어떤 영광도, 수치도 허락지 마소서.
그저 오른손이 하는 일 왼손이 모르는 부녕함만 허락하소서.
그리고 그것이 가장 큰 기쁨이 되게 하소서.

당신의 크고 큰 파도 한 자락에 얹혀
당신의 따스하고 따스한 날갯짓 끝자락에 얹혀
당신의 깊고 깊은 품속 한 켠에 얹혀
그저 당신의 아름다우심만 누리게 하소서.

그리고 그 아름다우심을 배달하며

그 풍성하심을 떠 나르며
그 푸르디푸른 지혜에 목 축이도록 흘려내는
희망 한 조각 되게 하소서.

뉘신가 했더니 (시 107:8)

뉘신가 했더니
아비의 품 가진 자 향해 눈물짓게 하신 이가
어미의 가슴들 향해 애닯도록 하신 이가
겨울나무 향해 경의를 표하게 하신 이가
봄꽃들 향해 꿈꾸게 하신 이가

뉘신가 했더니
내 속에 상념이 피어나게 하신 이가
내 맘에 묵상이 솟아나게 하신 이가
내 가슴에 감성이 맑아지게 하신 이가
내 입술에 기도가 차오르게 하신 이가

뉘신가 했더니
내 안에 소망이 소생하도록
사랑이 짙어지도록
기대가 벅차오르도록

기다림에 사무치게 하신 이가

인기척이 없어도 향기로
소리가 없어도 음성으로
감촉이 없어도 숨결로
가슴에 살포시 얹으시는 이 눈물이 그리고 이 뜨거움이

뉘신가 했더니
나의 주님이시군요!

자기 십자가

내 죄짐 맡아
홀로 골고다 오르셨던 주님
내 골육의 죄짐 맡아
주님 가신 길 따라 오를 때
홀로는 벅찬 이 무거운 멍에
함께 져주시겠습니까?

내 깨진 모습 완고한 모습에
홀로 한탄의 눈물 흘려주신 주님
내 골육의 부서진 형상 앞
주의 병에 내 눈물 채울 때
쓴 눈물방울 사이 주의 위로도
함께 고이게 해주시겠습니까?

초개처럼 유리했던 시간
홀로 기다림으로 인내해 주신 주님

내 골육의 계수되지 못한 시간
닳아 없어질 육체에 태워 때처럼 밀어낼 때
내 고난의 쓰라린 아픔 위에
한 겹 소망의 옷 덮어주시겠습니까?

나도 모르게 어느새

나도 모르게 어느새
주님은
날 위해 십자가 지셨어요.

그리고는

나도 모르게
내 안에 들어와 계셨어요.
나도 모르게
내 눈물을 받고 계셨어요.
나도 모르게
성령의 불씨를 지피고 계셨어요.
나도 모르게
성령의 조명을 밝히고 계셨어요.
나도 모르게
사랑의 씨앗을 심고 계셨어요.

나도 모르게
사랑의 꽃을 피우고 계셨어요.
나도 모르게
사랑의 정원을 가꾸고 계셨어요.
나도 모르게 어느새!

십자가 치환

감정과 지혜 사이
마음과 육의 거리
그보다 가까이 계신 분!

부정한 것 만져 부정케 되는 엔트로피 법칙을 거스르는 유일한 분!
나의 부정이 주의 거룩으로 치환되는 접촉
나의 생각이 주의 믿음으로 치환되는 접촉
나의 교만이 주의 겸손으로 치환되는 접촉
나의 자아가 주의 인격으로 치환되는 접촉의 유일한 주체!

"내가 네 안에 네가 내 안에"
인격적 교제 안에 늘 거하라!

보라!
새것이 되었도다!

샤론의 땅

민들레 홀씨처럼 보내신 말씀(십자가)의 씨가
척박한 심령의 땅에 날아와 초록 생명 틔웠나이다.

곳곳에 무성한 가시와 엉겅퀴들 제하여 평강의 뜰 깔아내시고
황량한 광야 모퉁이에 생명의 오아시스 터트리시고
돌짝밭, 굳은 밭 골라내고 기경하시사
주의 정원 삼으셨으니
감사의 뜰 가꿔내소서!
은혜의 정원 펼쳐내소서!
영광의 꽃 피워내소서!

곳곳에 예수의 향기 가득한
바람결 사이사이 성령의 기쁨 가득한
사랑, 희락, 화평, 오래 참음, 자비, 양선, 충성, 온유, 절제의 열매
백 배로 가득한
예수의 정원 피워내소서!

보소서!
눈물 가득 습지였던 샤론의 땅이
당신으로 인한 기쁨의 햇살 반짝이는 옥토가 되었나이다.
할렐루야!

사랑의 순도 (시 119:97)

내가 주님 법을 어찌나 사랑하는지요?
내 입에 꿀송이보다 다니이다.
내 코에 꽃향보다 향취롭니이다.
내 귀에 종달새보다 청아하니이다.

어둑한 여명에 맑은 이슬 같은 주의 법이여.
거친 바다에 등대 같은 주의 진리여.
타는 목마름에 생수 같은 주의 말씀이여.

문 열게 하신 곳곳마다 빛으로 임하소서.
상한 심령 마디마다 회복의 빛 비추소서.
죽어가는 곳곳마다 생명의 빛 일으키소서.
이 땅에 구원의 빛 충만케 하소서.

주의 말씀의 순수함을 사랑하나니
주님 사랑의 순도!

그 순결의 빛깔 진한 맛에
이토록 취하나이다.

아버지의 작품

고난을 진하게 짜낸 진홍색 물감으로
주님 닮은 작은 예수 그려내실 때
작은 십자가 무늬 되어 펼쳐질
아버지의 작품 되게 하소서.

겨울을 견뎌 피어나는 동백꽃처럼
땅에 져서도 다시 피는 생명 그려내실 때
주님의 아름다운 흔적 방울진
아버지의 작품 되게 하소서.

함박웃음 터트려 번지는 빛가루처럼
영원히 영속된 환희의 빛 창조하실 때
주님의 사랑 영근 보석에 포획된
아버지의 작품 되게 하소서.

사람이 무엇이기에 (시 8:3-5)

아버지의 존귀한 형상을 따라 지음 받았기에
감히 아버지의 지으신 바 손가락 끝 창조를 상고해 보나이다.
아버지의 광대하심 가늠할 수 없으나
기뻐하신 생명 위해 우주 끝 접어 강보 삼으시고
해, 달, 별 매달아 모빌 삼으신 날을 상상해 봅니다.

도대체 사람이 무엇이기에
그토록 마음을 쓰시며
그토록 기뻐하시며
또 아파하시나이까?
사람이 무엇이기에
일거수일투족과
신음 소리마저 돌보시나이까?

아버지의 축복의 마음을
꽃들에서 새들에서 듣습니다.

아버지의 선하신 마음을
아침빛 희망과 노을빛 평강에서 듣습니다.

내 아버지의 아름다우신 이름이여!
우주 가득 그 이름을 반영하는 자녀로 살게 하소서.
육체 가득 그 형상 닮아가게 하소서.

선악을 분변치 못하는 인생이여 (시 89:47-48)

왠지 모를
이 슬픔과 이 연민은
혹여 주께로 비롯된 긍휼인가요? 아픔인가요?

건장한 체격으로
쩌렁쩌렁한 목소리로
세상을 평정할 듯한 위엄을 자랑하던 그는
소멸되어 사그라지는 지푸라기처럼 악천후 속으로 사라졌네요!
(이란 라이시 대통령 비행 추락 속보)

그럼에도 불구하고 그 안에 심으신 주의 형상
그럼에도 불구하고 그 존엄성 안에 남기신 주의 심장조각
그럼에도 불구하고 그 영혼을 향해 기다리셨을
선악을 분변치 못하는 인생들을 향한 아픔

지체하고 지체하셨을 한 영혼의 종말!

그리고 연기하고 또 연기하시는 인류의 종말!

한송이 5월의 장미가 지는 것을 돌보시는 주여.
주의 형상이 티끌 되어 스올로 내려감을 아파하시는 아버지여.
심판을 지체하시는 창조주의 아픔이 전해오는 이슬 맺는 시각에
한 포기 시드는 풀과 같은 인생들로
아버지의 긍휼의 사랑 배우게 하소서!

자다가 깨었을 뿐인데

씨앗 뿌려 물 주고
자다가 깨었을 뿐인데
긴 잠 깨어 시간 속으로 창조를 들여놓는 비밀!

하늘의 형체와 육의 형체가 다르듯
해의 광명과 별의 광명이 다르듯
하늘을 나는 생명의 깨움이 물에 사는 생명의 깨움과 심히 다르듯
동물의 생명과 식물의 생명이 사뭇 다르나
한 가지라!

광대하시나 섬세하시며
자연스러우나 치밀하신
아름답고도 놀라우신 생명의 섭리!

겉껍질 터져 죽고 생명의 초록 날개 돋는 겨자씨가
원수마저 찾아와 쉬는 초록의 큰 그늘 드리울 때

아름다우신 아버지 형상 닮은 영광의 날개 돋울지라!

만물이 찬양하는 아버지 생명의 비밀 알기에
그 생명들 번성케 하고 생육케 하는 책무를 받은 자로
주신 생애 성령의 숨결 속 누리며 기뻐 성장할지라!

장미 베고니아 예찬

신부를 닮은 이! 흰색 베고니아여
장미처럼 새침하고 날카로운 가시 없이도
품격 높은 아름다움 순결한
마치 웨딩드레스 같구나.

아비가일을 닮은 이! 노랑 베고니아여
나발처럼 어리석은 친구들 목마르다는 아우성에도
버티고 인내하여 생명을 구하는
마치 지혜로운 여인 같구나.

군대를 닮은 이! 베고니아 잎이여
쉬이 지치고 시드는 초록 날개들 사이에서도
꿋꿋이 버티어 뚫어내는
마치 엄위한 기치의 군사 같구나.

군화 신은 신부! 장미 베고니아여
아침 빛같이 뚜렷하고
달같이 아름답고
엄위한 자태 갖춘 여인 같구나.

신께서 주신 이름이 너무 잘 어울리는
'진정한 아름다움'이여!
진정한 순결함이여!

코람데오

나의 모든 형편 아시는 아버지!

내 처지를 증명하기 위해 서류를 뗄 필요도
내 억울함을 토로하기 위해 법관을 찾을 필요도
내 부당한 대우를 호소하기 위해 민원을 넣을 필요도 없는
설명도, 증명도, 오해의 염려도 필요 없는
코람데오의 축복!

그 관심 어린 시선 앞에 사는 이 축복!
그 애정 어린 간섭 앞에 사는 이 평강!
투명하여
진정 행복하여라!

잃어봤기에

사랑을 못 받았기에
작은 배려에도 감사를 배웠습니다.
사랑을 너무 많이 받았기에
작은 몸짓도 귀함을 배웠습니다.

빈곤에 처했기에
작은 공급에도 감동을 배웠습니다.
풍요를 넘치게 받았기에
작은 일에 초연함을 배웠습니다.

영혼을 잃어봤기에
작은 시간의 무게를 배웠습니다.
영혼을 얻어봤기에
작은 희락의 근원을 배웠습니다.

넘어져 봤기에

작은 아픔의 경고를 배웠습니다.
높여져 봤기에
자고와 자족의 차이를 배웠습니다.

곤고와 형통을 겸하여 주신 우리 아버지!
감사합니다!

은혜받은 그릇

♣ 김지영 영성 시리즈 《이와 같이》 에필로그 삽입시

사막과 같았던 내 마음 밭에
가시덤불 같았던 내 마음 밭에
선인장 빽빽한 숨 쉴 길 없던 내 마음 밭에

생명의 물길을 내셨나이다.

내 영혼 갈급하여 그 생수에 목 축이고
내 심령 건조하여 그 강물에 마음 담그고
내 성전 곤고하여 그 바다에 잠기고 나니

천지는 간 곳 없고
내 안과 밖이 말씀의 바다에 푸른 물 들었나이다.

작디작은 이 휴지 조각 같았던 인생이
광대하시고도 아름다우신 당신께 압도되어
담아내기에 휘청거리는 그릇이 되었나이다.

그저 내 날카로운 어떤 모서리도 다 녹아
아름다우신 당신께만 흡수되게 하소서.
아름다우신 당신께만 취한 말간 유리잔처럼
그저 당신의 푸른 빛깔만 이 어둔 세상에 드러내소서.

네가 가줄래?

그 혼돈의 숲에서
여태 무얼 하다 홀로 거기 서 울고 있냐고
물어주셔서 감격했나이다.
이 땅의 그 어떤 것과도 바꿀 수 없는
내 아름다우신 주님과의 조우에
고난도 영광이었음을 감히 고백하나이다.

"사닥이 주장하는 힘의 논리를 타지 말고
내 마음과 눈물이 흐르는 곳에 네가 가줄래?"

내 아름다우신 주님이시여
나를 보내소서.
그곳이 바로 첫째 되는 곳!
내 주님과 온전한 밀착의 첫째 되는 곳!
내 주님의 마음이 온통 부은 바 된
그곳마다
나로 있게 하소서!

대리자 (겔 24:16)

아버지여
아버지의 슬픔 전하는 젖은 손수건 필요하십니까?
그 자리에 있게 하소서!
아버지의 사망선고 칼날 같은 부고장 필요하십니까?
그 장소 중에 있게 하소서!
아버지의 질타 쏟아내는 고소장 필요하십니까?
그 사건 가운데 있게 하소서!

아버지의 긍휼 맺힌 편지 필요하십니까?
내 언어 위에 쓰시옵소서!
아버지의 용서 보낼 화해 필요하십니까?
내 품 위에 태우시옵소서!
아버지의 사랑 새길 심장 필요하십니까?
내 인생 위에 새기시옵소서!

아버지의 아름다움 빛 펼쳐낼 프리즘 필요하십니까?

성령의 필터 드리우시옵소서!
아버지께 속한 모든 것이 아름다우시매
인자들로 하여 무수히 반영케 하시옵소서!
인생들로 하여 찬란히 반사케 하시옵소서!

램프와 정오의 빛 (잠 13:9)

암막 커튼 같은 육의 장막 아래
육적 그을음만 내다 번아웃 되는
칙칙한 램프

창조의 빛 조각 타고
삶의 입자 사이 구석구석 밝히는
정오의 빛줄기

소자의 작은 신음에도 반짝이는
만물과 작은 꽃잎의 시름에도 반짝이는
천지를 지으신 주인 앞에 엎드려 적극적으로 반짝이는

회전하는 그림자 없는
정오의 빛
창조가 잉태한
의인의 빛

말 (잠 20:19)

우리에게
말을 가르치소서.

주께서 지으신 눈과 귀를 통해 들어간 것이
영혼 깊은 곳의 등불을 조명해 얻은
주의 모략을 길어내는 보석 같은 길

어떤 이는
그 길이
주께로 놓인 잘 닦인 정금길 같아서
조명 받을 때
치유와 위로와 지혜를 퍼 나르나

어떤 이는
그 길이
세상 주관자 앞에 놓인 시궁창길 같아서

자아의 부추김 따라
아픔과 상처와 험담과 냉담을 퍼 나르는도다.

주의 성산에서 (시 15:1)

내가 여호와께 바라는 한 가지 일 곧 그것을 구할진대
주의 성산에 울려 퍼지는 찬송을 휘감아 춤추며
주의 장막에서 아름다우신 주를 맘껏 앙망하는 것이니이다!

"너는 정직을 행할지며
공의를 실천하며
너의 마음에 진실을 말하며
너의 혀로 남을 허물하지 아니하며
너의 이웃에게 악을 행치 아니하며
너의 이웃을 비방치 아니하며
너의 눈은 망령된 자를 멸시치 아니하며
여호와를 두려워하는 자들을 존대하며"(시 15:2-4)

밤마다 나를 교훈하시는 성령님이여
당신의 바람 날개 위 태워 내 주께 보내소서!
주의 말씀은 달콤하여 훈계마저 따사로우니

내 주의 향기 취할 때 성산으로 인도하소서!
성산의 아름다운 바람 붙잡아 탈 때엔
줄쳐 정하신 구역으로 그 향기 나르게 하소서.

적의 목전에서 만찬을 (시 23:5)

여호와의 친밀하심이
주를 경외하는 자들에게 있으매
주의 신실을 보이시나이다.

꽃길을 걸을 때나 광야를 걸을 때나
주의 큰 손이 붙들어 날 안위하시나이다.
사망의 음침한 골짜기를 지날 때마저도
적의 목전에 만찬의 상을 베푸시나니

주와 함께 먹고 마실 때에
성령의 기름으로 내 잔이 넘치나이다!
주의 말씀을 먹고 마실 때에
담기 벅찬 기쁨으로 내 잔이 넘치나이다!
주의 살과 피를 먹고 마실 때에
구원의 광채로 내 잔이 넘치나이다!

내 평생에 주의 선하심과 인자하심이 나를 호위하시나니
생명의 길 위에서
주의 영원한 집으로 속히 인도하시리이다!

우리의 날 계수함을 가르치소서 (시 39:5, 7)

산이 생기기도 전
바다가 모이기도 전
영원부터 영원까지 주는 하나님이시니이다.
주께서 나의 날을 한 뼘 길이 되게 하시고
아침에 돋는 풀같이 하셨으니
풀은 곧 시들고
티끌로 돌아가니
인생이 밤의 한 경점 같을 뿐이니이다.

어찌
망망대해 한 조각 돌섬 같은 인생
어찌
푸른 창공 한 줌 바람에 불과한 인생에
주의 마음 담아지시더이까?

살처럼 날아가는 인생에
주의 사랑 방울 떨구셨으매
나의 본향을 바랄 뿐이니이다.
풀처럼 시드는 인생에
주의 눈물방울 적시셨음에
지존자의 은밀한 처소를 바랄 뿐이니이다.

우리에게 우리의 날 계수함을 가르치소서.
살같이 흐르는 인생에 지혜를 담을 수 있도록!

우리에게 우리의 날 무게를 가르치소서.
풀같이 시드는 인생에 가치를 업을 수 있도록!
마라나타~

중심 찾기

경책인지 비난인지 아첨인지 지지인지도 모른 채
말과 태도의 진정한 뿌리도 모른 채
상처받고 상처주는 숱한 인생들

오래되고 깊어 질겨진 상처 위 흉터
삭힌 슬픔의 마디마디에 맺힌 자기연민
깊은 억울함의 분화구에서 터지는 분노
인정받고 싶은 욕구의 처절함
자기존재감 증명을 위한 몸부림
나만의 왕국 그 동굴로의 끝없는 도피

깨달을 수조차 없는 이 어둠과
말씀으로 때려도 아플 수 없는 감각 상실
그리고
깨지고 금 간 형상들의 구석구석을 추격하시는 창조주의 사랑

그럴싸한 포장지에 가려진 흉물스런 중심
그럴듯한 가면 뒤에 숨은 섬뜩한 본심
그런가 하면
티끌만한 믿음의 중심 한 조각

겹겹이 쌓인 녹슨 껍질들 벗겨내시는 경책
무수한 가시들을 발라내시는 인내
그리고
쓰레기 소각장의 잃어버린 다이아몬드 찾듯 헤집어
기필코 찾고야 마는 포기치 못하시는 사랑

내 것이라 기뻐하시는 아버지의 사랑!
온 땅과 공중 증인들 앞에 선언하시는 왕의 위엄!

인생이란
하나님의 인생들을 향한
아버지의 인생들을 위한
겨자씨만한 중심 찾기!

궁정의 정원

삼차원 한 귀퉁이
바둥거리는 먼지만도 못한 존재가
우주 밖 N차원
아득한 아버지 나라를 엿봅니다.

마치
작은 열쇠 구멍 속으로
궁정의 정원을 훔쳐보는 듯
설렘과 기대와 흥분의 심장박동을 일으킵니다.

아버지 나라에서 지상까지 드리워진
주의 옷자락 한꺼풀 들춰
숨바꼭질 하는 아이처럼 신이 납니다.

아버지여
좀더 찬찬히 들여다봐도 되겠나이까?

좀더 자세히 들을 수 있겠나이까?
좀더 머물러 있어도 되겠나이까?

주의 궁정에서의 한 날이
그 어느 곳에서의 천 날보다 나으니이다.

아침에

사랑하는 주님!
보아도 보아도 보고픈 주님!
들어도 들어도 듣고픈 주님!
꿈속이라도
내 주님 옷자락 보일세라 사모함의 눈물 고입니다.

투명하고 따스한 햇살
주님의 크신 손길 되어 감싸는 아침입니다.
청명한 창공 속 구름들
내 주님 발자국 보일세라 놀라 되돌아봅니다.

또 살게 하신 아침!
받은 사랑
벅찬 은혜
널리 펼치는 하루 되게 하시고
우리 주님만 투명토록 반영하는
잘 닦인 거울처럼 살아내게 하소서!

저녁에

한낮의 분주함
차례로 다독여 보내고
내일의 다급함
차례로 주께 올리고 나면

노을빛으로 다가오는 평강
핑크빛으로 차오르는 소망
보혈빛 뜨거움으로 스며드는 그리움

이 밤의 끝이여
날 인도하렵니까?
이 밤의 끝이여
날 그 나라 끝 모서리에 묶으렵니까?

사모하는 주님 뵐 수 있는 곳으로 태워다 주렵니까?
그리운 주님 대면하는 그 나라로 환승시켜 주렵니까?

주님여
이 길 따라 오라 하시렵니까?
주님여
아버지 나라로 불러 주시렵니까?
이 밤에
오늘 밤에

속히 명하사 (말 1:2)

은행 잔고에 동전 소리 딸랑여도
햇살처럼 채우시는 영원의 부요함에 감사합니다.
천정 위에 누수 자국 번지고 또 번져도
흠과 티 보수하시는 세심한 보호하심에 감사합니다.
꽃병 놓였던 자리에 약병들 즐비해도
속사람 날로 새로운 활력 불러다주심 감사합니다.

라스베가스의 화려함보다
그랜드캐년의 광대함보다
내 주의 호흡 전해지는 골방이 더 좋습니다.

출판 기념의 축하의 말보다
틀니 할머니의 감사의 말보다
내 주의 윙크 따라온 은밀한 위로가 더 좋습니다.

수다스런 동창 모임보다

화기애애한 우정 담소보다
내 주의 파장 진동하는 한마디 음성이 더 좋습니다.

내 손을 이끄사 오르게 하신
무등 태워 보여주신 시야보다
내 주의 손과 어깨에서 느껴지는 온기가 더 좋습니다.

보아도 보아도 보고픈 주님여
들어도 들어도 듣고픈 주님여
속히 명하사
때를 명하사
나로 오라 하소서.

파수꾼이 아침을 기다림보다 (시 130:6)

더디 오시는 주를 기다림이
강아지가 흰 눈을 기다림보다 더하니이다.
어린아이가 방학을 기다림보다 더하니이다.
군인이 전역을 기다림보다 더하니이다.
파수꾼이 아침을 기다림보다 더하니이다.

바짝 마른 가뭄에 비를 기다림보다 더하니이다.
씨 뿌린 농부가 추수를 기다림보다 더하니이다.
신부가 프러포즈를 기다림보다 더하니이다.
신랑이 약혼을 기다림보다 더하니이다.

하루를 더 기다려 새생명이 잉태될진대
한 달을 더 기다려 영혼의 방향이 돌아설진대
일 년을 더 기다려 영혼의 성장이 일어날진대
십 년을 더 기다려 신부로 단장될진대
기다림에 기쁨의 귀한 사명 있을진대

내 주여
기다림에 시린 눈이 애처로울지라도
기다림의 상급은 정금같이 쌓으리이다.
기다림의 가슴이 애달플지라도
기다림의 환희는 흰 눈같이 쌓이리이다.

그리움이 주는 선물

기다림에 수를 셉니다.
주님 만나 손잡아 이끄신 해의 수를

그리움에 날을 셉니다.
주님 다시 오실 날의 흐릿한 수를

기다리는 주님은
말씀이 목마른 날
비를 보내십니다.
메마르고 먼지 나는 심령에 정결을 선물하시려

그리우신 주님은
손꼽아 그리운 날
눈꽃을 내리십니다.
기쁨과 설렘 안으로 포근한 위로 선물하시려

기다리는 주님은
목 빼고 기다린 날
바람을 보내십니다.
주의 굳은 약속 바람결 태워 선물하시려

그리우신 주님은
성령에 허기진 날
꽃잎을 날리십니다.
주의 시어 콧등에 떨궈 한 줄 시 선물하시려

기다림은
그리움은
선물이 되고
원숙함의 옷을 입습니다.

비밀의 정원

가시의 화살촉들 변하여
솜털 같은 은혜로 내려오나이다.

엉겅퀴 올무들 뒤집혀
비밀의 보금자리 깔리우나이다.

여우 쫓던 그을림 땀냄새 씻겨
기름 절인 여인의 향기 발하나이다.

위로부터 입히신 구원의 속옷 위에
정결, 정절, 절제의 순백드레스 둘렀나이다.

오래 참음 빛깔 진주로 수놓은 희락의 방울들 사이로
다이아몬드 빛 광채 뿌려 순결을 입히셨나이다.

지혜, 분별, 온유의 목걸이 살포시 채우시고

가슴 가득 사랑의 루비 매달아 짙은 고백 삼으셨으니
나풀거리는 베일 끝 자비로운 바람 따라
사랑의 듀엣 부르게 하소서.

그 비밀의 정원에서~

마지막 때

이 땅에 기괴하고 놀라운 일이 있도다!
선지자들은 거짓을 예언하며
제사장들은 자기 권력으로 다스리며
내 백성은 그것을 좋게 여기니
그 결국에는 너희가 어찌하려느냐? (렘 5:31)

아버지여
이 나라에 악한 지도자를 세우심이
우리의 죄를 높이 걸리워 드러내고자 한 까닭인지요?
아버지여
이 시즌에 선조와 골육의 악함을 보게 하심이
본질상 진노의 자식임을 토설케 하려 함이신지요?

아버지여
눈이 열린 자마다
죄로 점철된 소망 없는 실상을 보게 하시고

귀가 열린 자마다
생생토록 떨리는 음성을 듣게 하시고
심령이 열린 자마다
통회와 자복의 임재가 있게 하소서!

잎만 무성한 무화과

잎만 무성한 열매 없는 무화과!
그 절정에 선 21세기 교회!

택함 받음의 특권만 무성코 열매 없는 성품
가르침의 목소리만 무성코 본이 없는 위선
자기 이름 자기 의만 무성코 겸손 없는 섬김
종교 행위만 무성코 소멸만 되어 가는 성령
간구 소리만 무성코 사라지는 임재

아버지의 탄식 어린 징계의 말씀을 대하고도
지독한 흥망성쇠의 본보기 된 이스라엘을 목도하고도
우리 주님의 눈물과 공로를 체험하고도
여전히 완악하고 강퍅한 심령만 무성하나이다!

그 어떤 징계의 채찍도
깨움의 독설도 넉넉히 받게 하소서!

찢으셨으나 낫게 하실
치셨으나 싸매어 주실
아버지의 아픈 사랑 앞으로 그저 돌아가게 하소서!

한 날에 (습 3:17)

북풍아 일어날지어다.
진노의 광풍을 일으킬지어다.
붙잡혔던 사방 바람들아 결박이 다 풀릴지어다.

먹구름아 군대와 같이 몰려들지어다.
우뢰야 괴성을 지르며 창들을 던질지어다.
폭풍우 거센 밤아 분노의 해일로 포격하듯 쓸어 삼킬지어다.

이 땅 위에 뿌리내린 허탄한 것들을!
이 땅 위에 쌓아온 허상의 것들을!

시온의 딸들이여
지존자의 날개 속으로 속히 달려갈지어다.
돌파로의 비상 임할 때 두 눈 질끈 감을지어다.

시온의 딸들이여
눈 열어 마주할지어다.
구름 펼쳐 밟고 계신 광채 가득 온 뜰의 주인을!

시온의 딸들이여
고개 들어 맞이할지어다.
기쁨을 이기지 못함으로 일어나 기뻐 노래하시는 왕을!

시온의 딸들이여
엎드려 경배할지어다.
어제도 오늘도 영원토록 잠잠히 사랑하시는 지존자 앞에!

그 날에
한 날에
환난과 구원이 함께 임할 여호와의 날에!

왕의 발자국 소리 (시 50:6)

왕의 발자국 소리!
지축이 흔들리며 땅들이 진동합니다.
묵은 땅의 틈새를 청결케 하려 곳곳의 땅들이 갈리우나 봅니다.

왕의 대관식을 준비하는 물소리!
지구 곳곳에 폭우가 쏟아집니다.
때 탄 땅의 구석구석을 정결케 하느라 곳곳에 폭우가
감기우나 봅니다.

왕의 대관식을 예비하는 축포!
태양도 축포와 분수쇼를 폭발합니다.
왕의 보좌 예비하느라 그 발자국 품을 곳에 오로라 카펫
깔리우나 봅니다.

곳곳에 일어나는 토네이도는 엘리야 실어 날랐던 회오리
연상시키네요.

왕께서 임하실 때 구원과 심판이 함께할 터인데
왕이 오실 때 환희와 슬픔이 공존할 터인데

나의 왕이시여!
왕을 영화롭게 할 종려나무 한 가지 되게 하소서!
왕을 기쁘게 부를 큰 찬송 한 소절 되게 하소서!

주께서 쓰시겠다 하라! (마 21:1-11)

검손하신 주님여
예루살렘 오르는 길에 나귀 새끼 타시렵니까?
발이 질질 끌리는
사람 태운 적 없어 비틀거리는
스가랴가 봐 둔 그 나귀 새끼 다시렵니까?

그리우신 주님여
좀더 가까이 가도 되겠습니까?
가을 맞아 메마른 낙엽 같은 껍데기 됐을지언정
나귀 위에 깔아드려도 되겠습니까?
나의 주님 받드는 탄력진 안장 못 되어도
그저 주님 아래 그렇게 머물러도 되겠습니까?

나의 왕 되신 주님여
주님 발아래 깔리운 카펫 삼아 주시겠습니까?
한방울의 젊음도 생기도 다 퍼주고

낡고 구멍 난 심신밖에 깔아드릴 게 없을지언정
그저 내 주님 발자국 흔적 품는 카펫 타고
그렇게 행진해 가시렵니까?

나의 구속자 되신 주님여
찬송의 선율 힘있게 가르는
종려나무 가지 삼아 주시겠습니까?
젊은 날 좋은 날 드리지 못하고 푸른 정맥 불거진
주름진 손밖에 흔들어드릴 것 없사오나
흩날려 쌓이는 나의 호산나 찬미와 함성 타고
그렇게 통과해 가시렵니까?

"주께서 쓰시겠다 하라!"
말씀만 하소서!
그리고
주님여
그 말씀이 나의 육신의 살 되게 하소서!

잠잠히 하나님만 바라라 (시 62:5)

주의 성소의 아름다움이여
잠잠히 주만 바라며 소망하나이다.

청옥을 편 듯 성소의 터를 펼치셨으니
오직 주만이 나의 흔들림 없는 반석이시니이다.

무지개 띄우듯 언약을 내걸으셨으니
오직 주만이 나의 흔들림 없는 구원이시니이다.

깃발을 꽂듯 보호하심의 울타리 치셨으니
오직 주만이 나의 흔들림 없는 요새이시니이다.

바다의 요동도
파고의 격동도
열방의 소동도
진정시키시는 권능의 날개 아래 잠잠하리이다.
주의 성소의 아름다움에 오로지 만족하리이다.

그 문으로 들어가며 (시 100:4)

온 땅이 여호와께 즐거이 부르리이다!
내 주 내 왕께서 오시는 날에~
내 주 내 왕을 위한 팡파르가 울려 퍼지는 날에~

분주했던 일손을 멈추리이다.
빵빵거리던 거리의 차들 멈추리이다.
사고파는 흥정의 소리도 소소한 말다툼도 다 멈추리이다.

주의 호령과 천사장의 소리만 나팔 위로 오르리이다.
양털같이 흰 내 주의 머리칼 해 위로 떠오르리이다.
주석같이 위엄 있는 내 주의 두 발 구름을 밟으리이다.

물소리와 같은 주 음성 앞에 무릎 꿇으리이다.
꿈에 그리던 경배와 찬송의 함성 올리리이다.
빨고 빨았던 흰옷에 종려가지 힘껏 흔들며 그 문으로 들어가리이다.
내 주 내 왕의 이름 높이며 궁정으로 들어가리이다.
주의 이름만 영원히 영원토록 송축하리이다!

8장

영원에서 영원까지

영원한 거처가 되시나이다 (전 3:11)

주는 영원부터 영원까지 거처가 되시나이다.

불어닥치는 폭풍우와 거센 바람에
바로 설 기력도 막아낼 방편도 없는데
아버지여!
아버지의 크고 크신 날개 끝 깃과 깃 사이
잠시 들어가 피해도 되겠습니까?
아니 그 따스함 속에서 영원히 안식해도 되겠습니까?

숨바꼭질하듯 찾아내 과녁 삼는
원수 사단의 추격이 그칠 기미가 없는데
아버지여!
아버지의 크고 크신 옷자락 끝 주름과 주름 사이
잠시 숨어도 되겠습니까?
아니 그 거룩한 곳에서 영원히 안식해도 되겠습니까?

이 땅에서 얽어 주신 삶의 타래들이
풀어도 풀어도 매듭진 채 세월을 막아 서는데
아버지여!
아버지의 크고 크신 가슴 골과 골 사이
잠시 기대 잠들어도 되겠습니까?
아니 그 평온 속에서 영원히 안식해도 되겠습니까?

너의 창조주를 기억하라 (전 12:1)

흑암 중에 빛이 있으라 명하신 창조주시여!

한 줌 흙 뭉쳐 당신의 얼굴 새기실 때 꿈꾸듯 기쁘셨나이까?
한 숨 호흡 몰아 그 코에 불어넣으시니
총기 어린 눈을 떠 알아보더이까?
당신의 DNA 이식해 일으키니 만물의 이름을 신통스럽게 짓더이까?
잠 재워 여자를 만들어 주시매
어울리는 한 쌍의 작품으로 손색 없더이까?

범죄하고 숨었던 저녁 바람 사이에서 외롭고 아프셨나이까?
심령 사이 골이 생기고 깊어지고 멀어져 떨어져 갈 때
후회되시더이까?

곤고한 날이 이르기 전에 창조주를 기억하게 하소서!
해와 빛과 달과 별이 어둡기 전에 창조주를 기억하게 하소서!
아무 낙이 없다 부르짖는 날이 오기 전에

창조주를 기억하게 하소서!
원래의 흙으로 돌아가라 명하시기 전에
창조주를 기억하게 하소서!

슬픔이 변하여 (시 30:5, 11)

어둔 터널 속 깃든 울음이 아침을 꿈꿨나이다.
새벽 여명 기다리며 주의 병에 내 눈물을 채우고 또 채웠나이다.
주여 언제까지니이까?
주여 복역의 때가 언제까지니이까?
내 눈이 짓무르고 흐려도 내 주님 향기는 알아차리리이다!

아침은 기쁨을 몰고 오니이다!
재 대신 화관을 대령하니이다!
슬픔 대신 희락의 기름을 부으리이다!
베옷 대신 찬송의 옷을 입히니이다!

내 주 향기 터널에 가득찰 때
세상은 간곳없고 갈망의 고향으로 옮기우리이다!
환희의 하얀 길 펼쳐질 때
눈물은 간곳없고 시온으로 춤추며 달려가리이다!
새 노래로

주를 노래하며 달려가리이다!
마라나타!!!

부활의 꽃 (시 103:15)

꽃은
동백꽃은 세 번 핀다고 하네요.
가지에서 한 번
그러다가 꽃봉오리째 툭 땅에서 한 번 더 피고
마지막에 보는 내 마음속에 세 번 핀다고!

우리 주님의 죽으심에서 피어난
부활의 꽃도
십자가에서 한 번
이 땅에서 짓밟힌 인류의 역사 가운데 한 번 더
그리고 내 심령 중앙에서 함께 죽어 다시 피어 주셨습니다.

인생은 연기처럼 소멸되며
풀처럼 바람처럼
그 있던 자리도 다시 알지 못하나

내 주님의 부활의 꽃은
자손의 자손에게 피어나시나니
영원부터 영원까지 사랑으로 피어나시니이다!
영원부터 영원까지 영광으로 충만하시니이다!
할렐루야~ 아멘!

기억하나이다 (시 77:11)

주께서 행하신 기이한 일을 기억하나이다.

탯줄이 잘린 채 버려진 핏덩이 같은 존재를
주께서 불쌍히 여기셨나이다.
주의 눈동자에 담긴 긍휼을 기억하나이디!

수렁에 빠진 채 바둥대는 소망 없던 존재를
주께서 불쌍히 여기셨나이다.
주의 크고 큰 손의 온기를 여직 기억하나이다!

깊고 깊은 골짜기서 헤매며 방황하던 존재를
주께서 불쌍히 여기셨나이다.
주의 손에 들린 밝은 등불을 기억하나이다!

사망의 음침한 골짜기서 겁에 질려 있던 존재를
주께서 불쌍히 여기셨나이다.

주의 손까지 닿아 있던 외 동아줄을 기억하나이다!

독수리 날개 업히듯 소망의 바람 타던
그때를 기억하나이다.
내 발을 사슴과 같이하사 내 아버지 언덕에 오르게 하신
그때를 기억하나이다.
온 땅과 구름을 밟고 계신 내 아버지 옷자락 잡아 고개 들었던
그때를 기억하나이다.
크고 크신 내 아버지 어깨에 무등 타고 함께 바라보게 하셨던
그 시야를 기억하나이다.

아버지여!
나의 아버지여!
아버지의 열심이 기필코 나를 찾으셨나니

그 얼굴의 광채를 온 땅에 비추소서!
그 구원의 큰 손을 온 땅에 펼치소서!
내 아버지의 이름만 온 땅에 충만하소서!

온 땅이여 (시 66:1-2)

온 땅이여
주께 즐거운 소리를 낼지어다.

아침 이슬이여 영롱한 소리를 낼지어다.
풀잎 사이 햇살이여 반짝이는 소리를 낼지어나.

산들이여 웅장함의 소리를 낼지어다.
바다여 파고들의 격랑하는 소리를 낼지어다.
정오의 뜨거움이여 열광하는 소리를 낼지어다.

창공의 새들이여 합창하듯 찬송을 부를지어다.
오후의 바람이여 신선함의 찬송을 부를지어다.
저녁의 노을이여 평온함의 찬송을 담을지어다.
밤의 날개여 안식의 찬양을 나를지어다.

온 땅이여
아름다운 찬양을 올릴지어다.

주의 이름이시여~
온 땅의 영화를 입으소서!
온 땅의 영광을 두르소서!
온 땅의 기쁨을 취하소서!
당신의 아름다운 이름만 온 땅에 충만하소서!

주의 성막에서 (시 84:1)

아름다우신 주의 성막 앞에 섭니다.
세상 신을 벗고 주의 존전 앞에 섭니다.

지극히 높으신 주의 성막으로 들어가오니
지성소로 이끄소서.
속죄소를 비추소서.
육으로 막혔던 나의 장막을 거두소서.

오랜 소망이 주 앞에 닿는 순간!
지켜온 믿음이 주 안에 흡수되는 순간!
키워온 사랑이 주로 인해 완전해지는 순간!

거친 장막의 벽이 녹아나리이다.
하늘의 문이 활짝 열리리이다.
그리운 주의 광채 안에 안기리이다.

허물 벗은 나비로 날개 달 듯 날아갈 때
허물진 삶과 애벌레 시절을 기억하리이까?
어둠 속 함께하셨던 주님과의 추억만은 남으리이까?

영원부터 영원까지 나의 주는 하나님이시오니
내 주의 날개 아래에 영원히 들어갈지이다!
영원에서 영원까지 나의 주는 하나님이시오니
내 주의 완전하신 사랑에 영원토록 녹아질지이다!

알지 못하심이 없나이다 (시 139:1-2)

주께서 내 혀의 말을 알지 못하심이 없나이다.
주께서 내 눈물의 슬픔을 알지 못하심이 없나이다.
주께서 내 웃음의 기쁨을 알지 못하심이 없나이다.

내 마음의 묵상 한마디에 주의 숨 담으시고
내 마음의 묵상 두 마디에 주의 생각 담으시고
내 마음의 묵상 세 마디에 주의 언어 담으시매
내 혀 밑의 모든 말을 알지 못함이 없으시니이다.

내 눈물 한 방울에 주의 한숨 담으시고
내 눈물 두 방울에 주의 한탄 담으시고
내 눈물 세 방울에 주의 아픔 담으시매
주의 병에 담긴 눈물 방울의 모든 슬픔을
알지 못함이 없으시니이다.

내 웃음 한 가닥에 주의 사랑 담으시고

내 웃음 두 가닥에 주의 화평 담으시고
내 웃음 세 가닥에 주의 나라 담으시매
주의 병에 꽂힌 웃음 가닥들의 모든 기쁨을
알지 못함이 없으시니이다.

내가 성전을 향하여 오를 때에
성전을 향하여 새 노래로 달려갈 때에
주의 병에 담은 눈물과 웃음 가닥들 높이 올려드릴 때에
두 팔 벌려 맞으시는 아버지의 인자하심이 영원하리로다.
주의 오른편에 앉히시는 왕의 위엄과 영광이 영원하리로다.

왕이신 나의 하나님 (시 150:6)

왕이신 나의 하나님이여
아침으로 내 주의 변치 않는 사랑을 듣게 하소서.
왕이신 나의 하나님이여
정오로 내 주의 그림자 없는 사랑을 보게 하소서.
왕이신 나의 하나님이여
오후로 내 주의 바람 같은 위로를 입게 하소서.
왕이신 나의 하나님이여
밤으로 별들의 수효 세시는 내 주의 안식에 들어가게 하소서.

권능의 궁창이여
은하의 은하 속 이름을 부르실 때 주께 화답할지어다!
약속의 땅이여
시온과 예루살렘에 행하실 일을 부르실 때 주 앞에 예비될지어다!
신의 자녀들이여
문들을 열어 왕께서 오심을 송축할지어다!

나팔과 하프로 왕의 길을 건설할지어다!
호흡이 있는 자마다 찬양할지어다!
우주의 함성 따라 영원한 왕의 나라 앞에 정렬될지어다!
할렐루야!

에필로그

유대 전통 결혼에서 정혼 기간 동안 신부는 다시 데리러 올 신랑을 기다리며 손수 자신의 결혼 예복을 준비한다 합니다. 신랑이 보내온 최고급 린넨 옷감을 가지고 도안에 따라 자신의 웨딩드레스와 베일을 한 땀 한 땀 친히 만드는데 이때 개개인의 정성과 재능에 따라 베일의 길이라든가 드레스에 꾸밀 장식이라든가 프릴이라든가 기타 데코가 달라지기 때문에 사뭇 분위기나 아름다움의 결이 달라질 수 있다 하네요.

이와 같이 예복이 준비되고 나면 정혼한 지 1년쯤 되는 시점에 미크바의식을 치르는데 이것은 한 남자의 아내로서 새로 태어남을 의미하는 정결예식이라 하지요. 이제부터 신부는 본격적인 결혼식 준비에 돌입합니다. 들러리를 선택하고 초대해 함께 머리 장식과 예복을 단장하여 정갈하게 입고 잠들기를 반복하면서 어느 밤중에 데리러 올지 모를 신랑을 손꼽아 기다리는 적극적 기다림의 과정을요.

신랑을 기다리다 졸았다는 열 처녀(들러리) 비유에서 그 기다림의 긴장감이 이러했을진데, 이 마지막 시대를 살아가는 우리 크리스천의 모습이 마치 이와 같지 않을지, 그 설렘과 기대감의 수위를 상고하게 됩니다.

신랑이 보내온 최고급 린넨 옷감으로만 만든 바 되었던 결혼 예복!

필자도 그리스도로부터 보내온 아름다운 시어를 오선지 수틀에 띄워 음표 그리듯 한 알 한 알 올려 왔을 뿐인데, 내 주 향한 아름다우심과 그리움과 기다림의 시간을 그렇게 채워 왔을 뿐인데, 어느새 노래가 되었고 나만의 시편이라는 찬양의 옷이 지어졌습니다.
　그러자 주께서 주저함 없이 '신부의 노래'라는 영광의 타이틀을 붙이시며 미소를 보이십니다. 지금은 청동 거울을 보는 듯 흐릿한 광채를 느낄 뿐이지만, 아직은 베일 속에서 단장되어야 될 흠과 허물과 싸워야 하는 중이지만, 우리 주 우리 왕이 오시는 날을 예비하며 부른 이 '신부의 노래'를 영원한 왕, 만왕의 왕, 사랑의 우리 왕께 바치며 높이 올려 드립니다.

　"이 백성은 내가 나를 위하여 지었나니 나의 찬송을 부르게 하려 함이니라"(사 43:21).
　아멘!
　주 예수여 어서 오시옵소서!

Until the King returns
2024년 10월
김 지 영

영성 시집
신부의 노래

1판 1쇄 인쇄 _ 2024년 10월 21일
1판 1쇄 발행 _ 2024년 10월 31일

지은이 _ 김지영
펴낸이 _ 이형규
펴낸곳 _ 쿰란출판사

주소 _ 서울특별시 종로구 이화장길 6
편집부 _ 745-1007, 745-1301~2, 743-1300
영업부 _ 747-1004, FAX 745-8490
본사평생전화번호 _ 0502-756-1004
홈페이지 _ http://www.qumran.co.kr
E-mail _ qrbooks@daum.net / qrbooks@gmail.com
한글인터넷주소 _ 쿰란, 쿰란출판사
페이스북 _ www.facebook.com/qumranpeople
인스타그램 _ www.instagram.com|qrbooks
등록 _ 제1-670호(1988.2.27)
책임교열 _ 강찬휘·오완

© 김지영 2024 ISBN 979-11-6143-995-2 03230

책값은 뒤표지에 있습니다.
이 출판물은 저작권법에 의해 보호를 받는 저작물이므로 무단 복제할 수 없습니다.
파본(破本)은 구입처에서 교환해 드립니다.